Konstanz – ein Gedicht

Herausgegeben von
WALTER RÜGERT · PETER SALOMON

Konstanz – ein Gedicht

Eine Sammlung von Gedichten
aus 12 Jahrhunderten
Konstanz · Mainau · Reichenau

mit Illustrationen von Hermann Kinder

Verlag Stadler

Der Verlag dankt für die freundliche Unterstützung
von Siemens Postautomatisierung.

Satzherstellung: Hissek Satz & Litho, Konstanz
Druck und Verarbeitung: Jacob Druck GmbH, Konstanz

Verlag und Vertrieb:
Stadler Verlagsgesellschaft mbH, Konstanz 2006
Max-Stromeyer-Straße 172
D-78467 Konstanz
E-Mail: info@verlag-stadler.de
www.verlag-stadler.de

© Copyright by
Verlag Friedr. Stadler, Konstanz
Inh. Michael Stadler

ISBN-13: 978-3-7977-0528-0
ISBN-10: 3-7977-0528-X

Vorwort

Man könnte es poetisch formulieren: Die Dichtung war dem Bodensee immer schon so verbunden wie der Wellenschlag seinen Ufern. Die in dieser Region verwurzelten Verszeilen reichen weit in die Geschichte zurück und spannen ein dichtes Netz zwischen den Orten am See. Dementsprechend wurde und wird in Anthologien und Dokumentationen Bilanz gezogen über das literarische Leben in der Region. Bei all dieser Vielfalt gibt es jedoch keine Stadt am See, die durch die Geschichte hindurch so kontinuierlich in Gedichten erwähnt wurde wie Konstanz. Um so verwunderlicher ist es, dass diese Konstanz-Gedichte noch nie zum Gegenstand einer eigenständigen Sammlung gemacht worden sind.

Den Anfang macht Oswald von Wolkensteins „Loblied auf Konstanz", ein Zeugnis aus den Jahren des Konzils 1414–1418, einer Zeit, als die Stadt im Zentrum der europäischen Geschichte lag. Auch später, vor allem im 18. und 19. Jahrhundert, finden sich zahlreiche Dichter, die über Konstanz schrieben. Selbstverständlich gab es das auch an anderen Orten und Schauplätzen am See. Die Entdeckung der Natur als lyrisches Sujet fand gerade hier reichlich Nahrung. Was Konstanz jedoch heraushebt, sind die darauf folgenden Entwicklungen. Die Stadt wurde zu Beginn des 20. Jahrhunderts zu einem Zentrum für Literaten und Künstler. Norbert Jacques spricht in seinen Memoiren sogar von einem „alemannischen Montmartre". Orte wie das Insel-Hotel oder das Cafe Central in der Kanzleistraße waren beliebte Treffpunkte für Schriftsteller wie Emanuel von Bodman, Wilhelm von Scholz, Norbert Jacques und andere. Auch der expressionistischen Literatur, einer typischen Literatur des Stadtlebens, bot Konstanz als größte Stadt am See Asyl und Wirkungsstätten. Und in der zweiten Hälfte des 20. Jahrhunderts wirkte die neue Universität als Bühne, auf der neue literarische Entwicklungen diskutiert und erprobt werden konnten.

Konstanz – ein Gedicht: Der Titel dieses Sammelbandes bringt die einmalige „lyrische Situation" von Konstanz auf den Punkt. Natürlich finden sich nicht nur Loblieder wie jenes von Wolkenstein. Zu lesen sind auch solche, die es übertreffen möchten, aber literarisch dann doch eher bescheiden bleiben; gut gemeinte Versuche der Lobpreisung, die letztlich aber interessant sind wegen der Fülle an Gefühlen, die sich in ihnen auszusprechen wagt. Und dann finden sich auch Gedichte, die literarisch auf der Höhe der Zeit sind und keineswegs dem Charme dieser Stadt erliegen, ja manchmal sogar ihren Schattenseiten nachgehen. Wenn man alle Gedichte Revue passieren lässt, erkennt man leicht, dass das Ganze eben doch mehr ist als die Summe seiner Teile.

Dass die Gedichte über die Insel Mainau in diesem Kontext erwähnt werden müssen, liegt auf der Hand. Aber solche über die Insel Reichenau? Das soll nicht als Versuch verstanden werden, diese selbstständige Gemeinde zu vereinnahmen. Wir nehmen damit schlichtweg die Perspektive der vielen Gäste ein, die Konstanz besuchen – und für die ein Abstecher auf die Mainau und die Reichenau zum Programm gehört. Und es ist eine Referenz an Verbindungen eines alten Kulturraumes, der für die Identität der Bodenseeregion schon früh von großer Bedeutung war.

Unsere Sammlung beschränkt sich auf 50 exemplarische Gedichte von 46 Verfassern – das ist etwa die Hälfte dessen, was wir ermittelt hatten. Die Reihenfolge haben wir nach dem Autorenalphabet gewählt.

Die Herausgeber

Inhaltsverzeichnis

- 9 Hans Arnold, Gruß aus dem Konstanzer Amtsgefängnis
- 10 Anfried Astel, aus dem Zyklus „Reichenau"
- 11 Erich Bloch, Reichenau
- 12 Johannes Bobrowski, Die Mainau
- 14 Emanuel von Bodman, Haidelmoos – Am Waldrand
- 15 Robert Brendel, Mainau am Bodensee
- 18 Wolfgang Brenneisen, Annäherung an Konstanz
- 19 Hans Georg Bulla, Konstanzer Krankheit
- 20 Richard Dehmel, Konstanz
- 21 Rudolf Adrian Dietrich, Konstanzer Requiem
- 24 F. Ernst, Auf der Insel Reichenau
- 27 Friedrich le Feubure, Fremdenblatt vom Bodensee
- 28 Ursula Flügler, Konstanz
- 29 Walter Helmut Fritz, Reichenau
- 30 Reinhard Goering, Konstanz
- 31 Conrad Gröber, Heimatstadt Constantia
- 32 Walter Gröner, Sprache der Steine
- 33 Carl Gutzkow, Huß und Hieronymus
- 36 Martin Heidegger, Abendgang auf der Reichenau
- 38 Norbert Jacques, Reichenau
- 39 Jochen Kelter, Ruderer
- 40 Hermann Kinder, Staad
- 41 Anton König, Mainau
- 42 Gerd Kolter, Reichenau
- 43 Heinrich Ernst Kromer, Klein-Großes
- 45 Willy Küsters, Die Kleinstadt
- 46 Willy Küsters, Abend in Staad
- 47 Rudolf Leonhard, Nur eine Stadt
- 51 Walter Neumann, Reichenau
- 52 Walter Neumann, Mainau

53 Max Rieple, Sommertag am Wollmatinger Ried
54 Max Rieple, Die Mainau
55 Max Rieple, Die Insel Reichenau
56 Rainer Maria Rilke, Vision
58 Peter Salomon, Konstanz, Marktstätte 12. Juli 1993
60 Joseph Viktor von Scheffel, Seefahrt
61 August Schnetzler, Zu Konstanz auf dem Dome
62 Lotte Schünemann-Kilian, Mainau
64 Georg Schwarz, Inselmorgen
65 Walahfrid Strabo, Insellied
66 Martin Stockburger, Linie 1
68 Aeneas Sylvius, Grabschrift für Manuel Chrysoloras
69 Monika Taubitz, Blick nach Konstanz
70 Donald Michael Thomas, Wien, Zürich, Konstanz
72 Heinrich Vieroth, Konstanz
75 Thomas Wolf, Konstanzer Morgen
76 Oswald von Wolkenstein, Loblied auf Konstanz
78 Volker Zorr, Konstanz, Konzil
79 Martin Zürn, der reichen au ein liebes gedicht
80 Stefan Zweig, Stadt am See – Konstanz

81 Bio-Bibliographische Notizen

84 Verzeichnis der Abbildungen

Hans Arnold

Gruß aus dem Konstanzer Amtsgefängnis

Durch die Gitter meiner Zelle
Grüßt der See mich jeden Tag,
Lächelt mir mit jeder Welle,
Und vergessen ist die Plag'. –
Jene blaue Wasserfluthen
Waren Freunde mir von je,
Kennen meines Herzens Gluthen,
Meine Lust und all mein Weh.

Manche Stunde hab' ich kosend
Weit da draußen zu gebracht,
Ob im Sturm die Wasser tosend
Oder still in ihrer Pracht.
Als ich vor der Häscher Menge
Mußte flüchten ins Exil
War mir's auf dem Land zu enge,
Täglich war der See mein Ziel.

Lächelt mir die Freiheit wieder
Eil' ich zu der Liebsten mein,
Bring ihr Blumen, diese Lieder
Will ich ihr zum Gruße weihn;
Werd ihr sagen, wie zur Stunde
Du mir Tröster warst im Weh;
Bleibe freundlich unser'm Bunde,
Lieber, blauer Bodensee! –

(1885)

Arnfried Astel

aus dem Zyklus „Reichenau"

Blumen
& Blumenkohl

(1979)

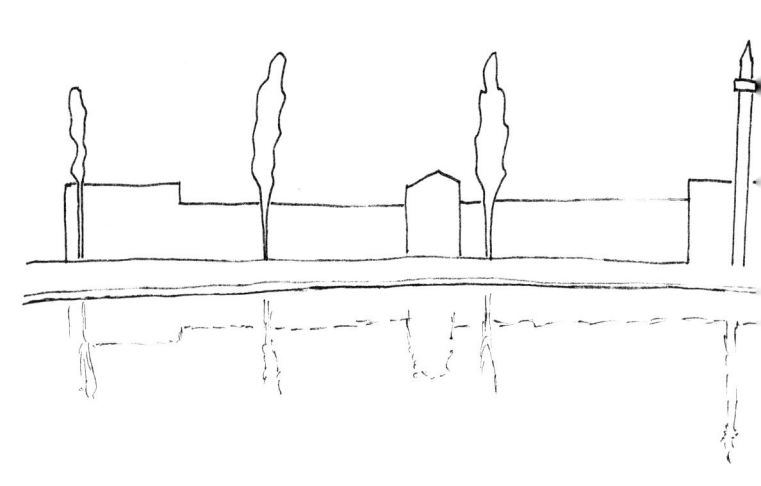

Erich Bloch

Reichenau

Ein schmaler Streifen hebt sich ab am Horizonte,
Aus Nebel ragt ein grünes Land hervor.
Es wächst und wächst aus Dämmerschlafe
Erhebt sich wie die Morgensonne.
Ein kindlich Blau des Himmels spiegelt wider
Sich rings um dieses Land in Wassern.
Einhüllt sich Märchenspiel und Zauber
In ewig gotterfülltes Schweigen.
Wie schön bist du, du traumgebor'ne Insel
Im milden Glanz des Strahlenlichtes,
Rings steigt ein Kranz von frühlingshaftem Hauche
Auf in des Himmels dankerfüllte Bläue.
Die Rebe und des Paradieses Baum
Befruchten deine grüne Auen
Und machen reich der Erde angestammtes Gut.
Kein Wunder, wenn mit frommem Gottesglauben
Ansiedelten sich Mönche auf dem Heiligtum,
Die tief bestimmt von der Natur zur Leier griffen
Und sangen, geigten, malten, was ein Gott
In Schönheit hier geschaffen zum Lobpreise.

(1924)

Johannes Bobrowski

Die Mainau

Insel, für ihn geschmückt:
für den Nachtschrei
droben im Schattengetürm,
für den brünstigen Singer.
Weißer Pfau, komm herab,
ehe der Regen tönt,
unter den tiefen Bäumen
rühr dein Gefieder.

Insel im Wind, deine Düfte
weich, Melisse und Arnika,
bäurisch: Sanftheit der Mädchen
im wehenden welschen
Schultertuch. Und was bin ich
hier mit dem dunklen Gesicht?

In der Ebene, hinter den Strömen
ein Hof. Dort war ich der Brunnen,
grün. Die Birken. Himmel,
wenn die Sommer fuhren
vor den Gewittern,
wenn der Fisch sprang, die Wasser
klirrten drunten,
der Morgen kam.

Hier das Gestein, überblüht,
eingesponnen die Höhle,

das knisternde Lager
fault. Hier streckte das bleiche
Alttier sich, die Wölfin,
hängenden Blicks,
leckte die Welpen aus ihrer
Blindheit, schickte sie aus.

Rasselnd fielen sie ein,
weiße Mäntel,
ein in die Ebenen, warfen
Feuer herein in die Weiler.
Ihre Spuren füllte
Blut. Das stieg mit den Nebeln
auf. Hing schwer im zerschrie'nen
Lufthauch. Über den Flüssen
ragten die Burgen kahl,
Richtblock, Galgen, der Wölfe Zeit.

Väter, für euren Zorn
tret ich den Boden, die fügsamen
Ufer, die Gräser der Mainau.
Unter der Deutschherrn Wappen
geh ich ein in die Tür.

Alles ist alt geworden,
dunkel, im Schattengetürm
droben der Regen tönt.
Aufgeschmückt ist die Insel
für den Nachtschrei des weißen
brünstigen Singers. Herab
komm, unter tiefen Bäumen
rühr dein Gefieder.

(1957)

Emanuel von Bodman

Haidelmoos
Am Waldrand

Sonnengold und Wipfelgrün
Wie in frühen Tagen
Lassen meine Brust erglühn
Und das Herz drin schlagen.

Alle Blätter flüstern: Mai!
Ganz in sich versunken
Bläst auf seiner Waldschalmei
Dort ein Knabe trunken.

Wunderliche Wonne quillt,
Nun die Weiten blauen,
Und ich darf von Glanz gestillt
In den Himmel schauen.

(1923)

Robert Brendel

Mainau im Bodensee

Es fiel aus dem Herzen südlicher Regionen
Weither
Die Insel ins smaragdene Meer.

Cypressen stehen.
Und die gigantischen Schwestern nordischer Kiefern
Aus einsamen Himalajawäldern
Breiten Schatten aus über Rasen,
Die schwellend grünen
Im Licht westlich entzündeten Sommers:
Wie unter Tänzerschritten,
Die an Gestaden stiller Ozeane des Ostens
Innig ertasten
Den Druck der samtenen Fülle.

Das breite Blatt japanischer Trompetenbäume
Ruft empor
Die Ahnungen entrückter Buddhapilger
Hoch und still im Glast,
Der grün und durchsichtig braut
Über den umwogten Gürtel
Schilfrauschender Ufer.

Und Rosen fließen
Den gewellten Rücken der Insel hinab
Wie brennendes Licht griechischer Eilande
In den See.

Und dennoch lächeln
Aus den weiten Bögen aufrauschender Barockaltäre
Blaue Heilige:
Maria tanzt
Über verwelkten Blütenopfern
Und dem flehenden Licht
Wächserner Kindesglieder –
Wie Isis in ägyptischen Tempeln.

Und du,
Du trägst in schaukelndem Kahn
Hinaus
Über die dunklen und grünen Wogen
Des deutschen Sees
Atemlos
Und aus besonnten Wimpern blühend
Den Traum nie gesehenen Südens.

(ca. 1930)

LAGO

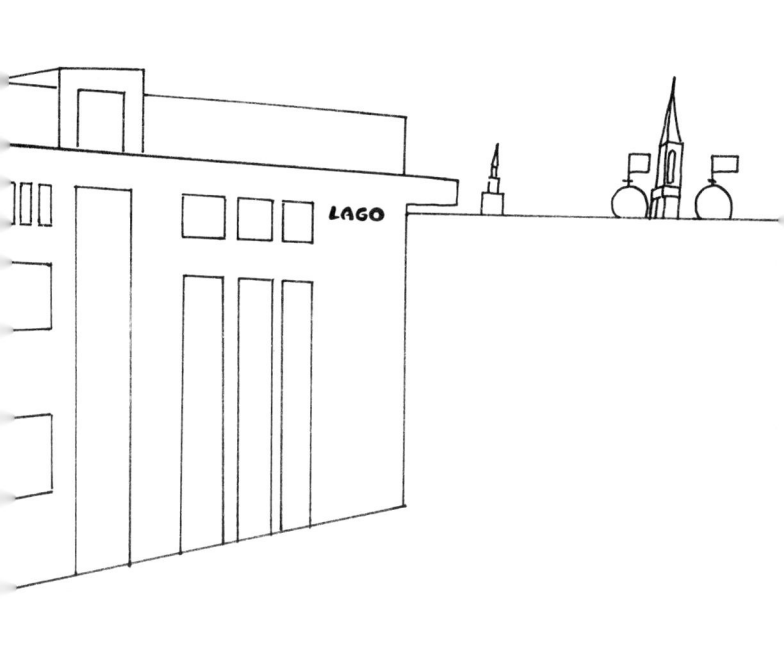

Wolfgang Brenneisen

Annäherung an Konstanz

Konstanz, du schöne
Schlafende, Verhexte
überm See, rosig atmest
du wie ein glattes
Ferkel. Die Fähre
pflügte auf dich zu,
mein roter Schal stand
waagrecht ab und
der Wind, das Arschloch,
schmiß mein Hütchen
auf die kleinen Wellen.
Da trieb es hin zur
Mainau oder sank
schwer hinab zum Grund.
So ein alter Wels
wird sich einen Jux
draus machen. Aber du,
Rosige, lagst vor mir
wie eine üppige
Hafenbraut.

(1988)

Hans Georg Bulla

Konstanzer Krankheit

Redet mir nach, der See
und macht mich schlecht.
Einer mehr, der gehen will
und wiederkommt und bleibt,

fort sein will und immer hier.
Übel redet er mir nach,
weit weg hör ich ihn noch,
und möchte mich krank machen,

der See.

(1986)

RICHARD DEHMEL

Konstanz

Im offenen Garten ist Konzert am See,
der Geist Beethovens schwebt von Stern zu Stern;
tief unter Brücken schweigt die Wasserfee,
hoch über Türmen schweigt der Alpenschnee,
schweigt Stern bei Stern, schweigt wie seit je;
und immer noch Konzert, Konzert am See –
O Beethoven, wozu der Lärm?! –

(1900)

Rudolf Adrian Dietrich

Konstanzer Requiem

III.
Wie schön es war – in aller Not und Kummer!
Wir lebten fern auf einer Märchenau.
Die alten Gassen standen grau und rauh;
am Rhein der dicke Turm, die dicke Frau:
Am Ende sangen sie uns doch in Schlummer.
Tirolergasse eins – das Domizil hoch oben;
wir lebten still mit einem Schwalbenpaar;
der Himmel war ganz nah und Jahr um Jahr
drehte die Stadt sich um uns wunderbar
mit einem Zauberklingelkarussell verwoben.
Wie schön es war! – So, wie ein Morgenschimmer,
der vor dem Tag mit Glockenliedern weht;
die alten Gassen standen halb verdreht,
die alten Frauen sprachen mürrisch ihr Gebet
und angewandt blieb alles. Doch blieb's immer.

IV.
Gewaltig ist des Rheines Unterströmung.
Er trägt und schiebt den ganzen See zur Brücke,
als stemmten sich der Alpen weiße Schultern
noch gegen die ins Grüne rinnenden Wasser.
Nimmer der Nixen Lied? – der Frösche Antwortsang?
Nimmer der Quellen Wiege? – der Fische Wellenfang?
Die Strömung trägt die dunklen Fischerboote,
die grauen Segel wehen im Monde,
der Mond durchirrt zerstört zerfetzte Wolken
und aus den Netzen starrn die blauen Felchen.

Gewaltig ist der Zeiten Unterströmung;
es trägt und treibt die Menschenseele weiter
als stemmten sich des Schöpfers mächtige Hände
noch gegen die verweilen wollenden Stunden.
Nimmer der Nixen Lied? – der Frösche Antwortsang?
nimmer der Quellen Wiege? der Fische Wellenfang?
Nur eines Raubvogels Schrei: – „Gib her dein Leben!"

V.
Die Sommergäste. Kellner. Silberne Terrasse.
Der Zeppelin von Friedrichshafen heute.
Blumen überall: am Strand, beim Stadtpark.
Die Kurkapelle spielt: „Es hatt' nicht sollen sein."
Dahinter liegt die Stadt, die unbekannte.
Noch bis zur Marktstätte wagt sich der Fremde.
Was dann beginnt ist Dschungel. Ungewisses: –
das Reich der Eingebornen, Eingesessnen, Bürger…
Wie auf der Bühne hinter dem Prospekt verborgen
liegt diese Stadt. Nur vorne spielt die Scene
im Rampenlicht. Dahinter ist das Reich der Requisiten,
die noch im Staub des Mittelalters dämmern.
Da hinten gibt es Seelen, die sich niemals zeigen:
der Regisseur, der Inspizient; – Statisten,
die unbeschäftigt in Arkaden zwischen Gassen warten
auf Stichworte, die niemals fallen werden.
Und während vorn die Sommergäste lachen, flirten:
„– O wonderfull this old merry old village – o Daisy…" –
vollzieht sich hinten wie auf Grünewalds Bildern
noch immerfort die Kreuzigung des Christus.
Und während alle auf zum Himmel blicken,
den Silberbug des Zeppelin bestaunen,
geht hinter den verbergenden Kulissen

der Häuser noch der Hus zum Scheiterhaufen.
Verschlossen liegt die Stadt wie hinter Toren,
an deren Riegeln kein Jahrhundert rütteln durfte;
und manchmal dröhnen dunkel-gell die Glocken
des Münsters über Dächer, See und Gärten.
Ein Kahn zieht übers Wasser. Keiner, der ihn führte.
Er gleitet spurlos fort ins Allvergessen…
Doch vorn am Ufer tanzen froh die Sommergäste.
Die Kurkapelle spielt: „Es hatt' nicht sollen sein"…

(1946)

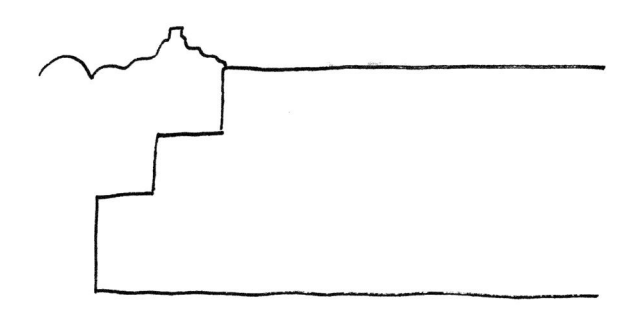

F. Ernst

Auf der Insel Reichenau

Von dem Kloster klingt die Glocke
einsam ihren Morgengruß,
und der Hund springt nach dem Stocke,
legt ihn wedelnd mir zu Fuß.

An den letzten hellen Schlägen
bin ich hell und froh erwacht,
singe meinen Morgensegen,
sing ihn, weil der Morgen lacht.

Guten Morgen, Schlafgenossen,
unterm Fenster, in dem Grab!
Eurer Hügel Rosen sprossen,
ihre Träne rollt herab.

Taues Perlen rollen, schimmernd
aus dem Kelche frisch und feucht,
nach der Kreuze schwarzen Trümmern
Strahl der Sonne zitternd schleicht.

Aber keines Menschen Tritte,
aber keines Menschen Fuß
sehe ich um eure Hütte,
stumm bezeugend Liebesgruß.

Starre Schläfer! Längst vergessen
hat die Welt euch, schlafet fort!
Eure Nacht ist auch gemessen,
euch erwecket Gottes Wort!

Eurer finstern Kammer Riegel
wird zerbrechen seine Hand.
Auf zum grünen Wogenspiegel!
Auf zum sonnenhellen Strand!

Da ist Leben, da ist Freude,
lustge Fischlein, guten Tag!
Ach! Ein Fischer zieht nach Beute,
schreckt euch schon des Ruders Schlag?

Wachet, eure Mörder wachen,
huscht hinab zum tiefsten Grund,
fliehet, flieht, es naht der Nachen,
plötzlich gähnt des Netzes Schlund.

Ha! Wie festlich prangt die Erde!
Und wie wonnig schlägt das Herz!
Selbst des kleinsten Wurms Gebärde
scheint ein Hüpfen sonnenwärts.

Busch und Wälder, Blumen, Auen,
liegen traulich Arm in Arm,
selbst die eisgen Gletscher schauen
aus der Ferne lebenswarm.

Malet ihre kalten bleichen
Wangen mit des Lebens Rot
nicht die Sonne? Mordend schleichen
Menschen nur – sie bringen Tod!

Gierig blickt der Fischer nieder
in die Tiefe, spähet, lauscht,
an dem tückschen Netze zieht er,
zürnt dem Ruder, weil es rauscht.

Menschengierde kann nicht schlafen;
einen guten Fang getan
hat der Räuber, eilt zum Hafen,
preist – die Sterbenden mir an.

(1837)

Friedrich le Feubure

Fremdenblatt vom Bodensee

Wie die Tage sich wonnig so zeigen,
wenn alles so wundersam blüht
und unter den tropischen Zweigen
die Rose, die duftende, glüht,
du willst mir als Eden erscheinen,
vom blauenden Himmel gegrüßt,
wo sich Rosen und Palmen vereinen,
du schöne Mainau, sei gegrüßt!

Hier fliehen die täglichen Sorgen,
hier ist nur für Liebe ein Raum,
vergessen ist Heute und Morgen
in der Schönheit goldenem Traum.

(1910)

Ursula Flügler

Konstanz

Ein Stadtteil heißt:
Paradies. Der Himmel
ist nah hier –

du weißt das, Jan Hus,
armer Schatten. Aber

du störst nicht.
Kein Streit
hält sich lange
am Wasser.

Das letzte Wort
hat der milde
Wessenberg.

Die alten Straßen
übers Gebirge
nach Süden
beginnen hier.

Ich sehe sie
wunschlos.

Abends essen wir
schöne Fische
aus kupfernen Pfannen.

(1978)

Walter Helmut Fritz

Reichenau

Das Glas, das die Treibhäuser deckt,
sammelt die Sonne
und zerstreut sie über der Insel.

Wie Stunden, in denen der Schmerz
sein Gesicht abwendet,
begegnen dir die Wohnstätten der Menschen.

Alle Straßen haben die Nachgiebigkeit
des Abends, der vom See kommt
und die getrockneten Netze der Fischer
vor sich her trägt.

Vergiß die Mauern von Oberzell nicht.
Noch immer
schreibt Walafried Strabo seine Verse.

(1963)

REINHARD GOERING

Konstanz

Weiße Segel seh ich stürmen
Über den smaragdnen See.
Feuerfarbne Gipfel türmen
Auf, in Sonnenhöh.
Wolke flattert weiß
Über blauer Felsenwand,
Mittaghell und heiß
Glüht das Land,
Bis zur Mattigkeit durchsonnt.
Unverwandt
Wandelt Gott im Horizont.

(1934)

Conrad Gröber

Heimatstadt Constantia

Andre preisen ihre Städte. Wer ist reich wie du an Reiz?
Rings der Hügel blaue Kette, ferne blitzt der Firn der Schweiz,
Und der See rauscht dir zu Füßen, und der Rheinstrom singt es nah:
    Gott dich schütze, Gott dich segne, Heimatstadt Constantia!

Könige und Kaiser stritten kühn um dich im Kampfesschweiß,
Deiner Frau'n Gestalt und Sitten. Deiner Bürger Kunst und Fleiß
War dein Ruhm von Nordlands Meeren bis zum Strand der Adria.
    Gott dich schütze, Gott dich segne, Heimatstadt Constantia!

War dein Stern auch im Erbleichen, fiel auch welk des Lorbeers Kranz.
Trotzend allen Schicksalsschlägen, deine Schönheit blieb dir ganz.
Gläub'ger Sinn und mannhaft Schaffen, deutsche Treue blühen da.
    Gott dich schütze, Gott dich segne, Heimatstadt Constantia!

ca. 1925)

Walter Gröner

Sprache der Steine

Die Häuser sagen ihre Namen: zum rothen Thiergarten, zur güldin Rose, zur Salzscheibe, zum Helfant, zum Panterthier; zur Wage, zum Spygel.

Ich geb einen Gruß: bin der und der, daher komm ich, und will mich nun hier bergen.

Bis die Sonne einmal versunken und wieder heraufgegangen ist, hab ich manches Stück in abgeschiednen Innenhöfen aufgeführt, der Worten der Steine gelauscht und ihre Gebärden studiert.

Am weinfarbenen Mantel der Kryptasäulen, an Bögen, Rotunden ausgehaunen Masken meine Sinne berauscht.

Zu hussitischen Streitern mich in die Stube geschlagen, und wohl auch dem Geruch einer Kardinalskokotte nachgespürt.

Eh, getrunken mit dem uralt blauen Himmel auf erwärmten Treppengiebeln.

Will jetzt, am Fuß der so nahgerückten Steinberge vorbei, die Stadt Konstanz schnell verlassen; es sind von meiner Art keine Menschen dagewesen.

(1985)

Carl Gutzkow

Huß und Hieronymus

Hier war es, hier am schönen See,
gefärbt von Rheinesflut und Alpenschnee, –
die Traube dort im Gartenhag –
im See sich spiegelnd blauer Sonnentag!

Hier seh' ich ... Ist das Meeresburg?
Da blitzt es durch die Sonnennebel durch!
Von Thurgau winkt der Alpenkranz
und dort liegt die Concilienstadt Konstanz!

Im Grase bin ich hingestreckt,
von kräuterduft'gem Holderbusch bedeckt –
hart an der Bucht durch Wellengold
rauscht eben her der Dampfer Leopold.

Doch du im Schatten, finst're Stadt,
an deiner Stirn' klebt ein Historienblatt
von Blut und schwarzem Höllenruß –
von Johannes Huß und Hieronymus!

O Herr! Das durfte hier gescheh'n!
Das durften diese Alpenhäupter seh'n!
Vierhundert Jahre schon ihr Rot –
dies Grün? Dies Blau? Und hier ein solcher Tod!

Im nassen Auge schwankt das Bild,
das aus der Ferne mir zusammenquillt –
dies Dach! Am Leuchtturm hart vorbei,
beim Schifferkran! Da saß die Klerisei?

In diesem Raritätenhaus
da stopften sie die Kirchenspaltung aus?
Da saß mit seinem falschen Eid
der Kaiser, der versprochen frei Geleit.

Des Geist's Apostel, Johannes Huß
und sein Johannes, Hieronymus, –
ich seh' die welsche Priesterschar
sie drückt euch Teufelskronen in das Haar.

Sie reißt das Ehrenkleid euch ab,
bricht über Freiheitshelden ihren Stab,
holt Holz vom Wald und Schilf vom See
zum ketzerstrafenden Autodafe.

Die Flamme zuckt: das Schilf ist naß,
und keuchend trägt sancta simplicitas
noch trockenes Reisig in den Brand,
der Fanatismus seinen Unverstand.

Die beiden singen in der Glut,
dem Herrn der Herr'n ein Danklied wohlgemut;
doch alles schwärzt sich! Höllenrauch!
Im Priesterfluch erstickt der fromme Hauch.

Ich seh's im Geiste! Hier verschwand
ein weißes Seelenpaar im Feuerbrand!
Und wie ich blick' ins Weite, husch!
Da flattert's hinter mir im grünen Busch –

Mein Auge schweift im leeren Raum –
und wo ich so geträumt den Flammentraum,
da seh' ich, in die Lüfte klar
fliegt eben auf ein weißes Taubenpaar.

(19. Jahrhundert)

Martin Heidegger

Abendgang auf der Reichenau

Seewärts fließt ein silbern Leuchten
zu fernen dunkeln Ufern fort,
und in die sommermüden, abendfeuchten
Gärten sinkt wie ein verhalten Liebeswort
die Nacht.
Und zwischen mondenweißen Giebeln
verfängt sich noch ein letzter Vogelruf
vom alten Turmdach her –
und was der lichte Sommertag mir schuf
ruht früchteschwer –
aus Ewigkeiten
eine sinnentrückte Fracht –
mir in der grauen Wüste
einer großen Einfalt.

(1917)

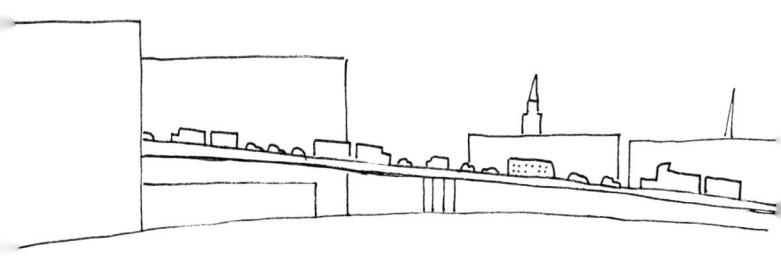

Norbert Jacques

Reichenau

Die Insel schwomm grün
auf dem Wasser – einer Schale gleich,
und der Sommer zitterte über ihr.

(1915)

Jochen Kelter

Ruderer

Da brennen die Gettos. Hier rudern acht Mann
ein tröstliches Bild dies:
seitwärts sprühen nur Funken, qualmen Motoren
die aber legen sich ran
die Nacht sinkt herab, das Wasser schilpt
leise vorm Ruderschlag jetzt auf der Höhe der Mole
acht Mann hoch von Konstanz
wo wollen sie hin? Nach Stein?
Sie sehen aus, als wollten sie bis Rotterdam
sie schaffen die Nacht mit sich fort
die Wellen kräuseln federleicht in den sternblauen Himmel
überm Ried tauscht der Mond
mit der Republik seine Schärpe
so spürbar vorwärts die acht Mann in weißen Trikots
wir verfaulen derweil regungslos auf der Mole
ein tröstliches Bild dies:
hier brennen die Gettos, da rudern acht Mann

(1982)

Hermann Kinder

Staad

nimm diese Nacht noch Atlas
auf die leichte linke Schulter
da der Wind nun geht
stündlich gleichauf das Schiff
mit seiner Spiegelung
hin durch die endende Nacht
und wieder her

anfangs wollt ich fast verzagen
zu Boden ins Wasser hinab
wärs zu schön nicht zu schaun
da der Himmel nun hellt
rumpelt das Leben der Lärm
ein neuer Tag kommt mein Freund
und etwas und nichts

traf es auch voll in die Fresse
war es doch besser als nichts
vorbei ist die Nacht was solls
die Lichter der Clofrau schau
du hast es doch getragen
und niemand fragt dich wie

(1998)

Anton König

Mainau

Mainau, stilles Wunderland,
wie die Wasserrose
steigst du, Holde, märchenschön
aus des Sees Schoße.

Sanfter klingt die Welle hier
in die süße Stille;
nicht schreckt dich des Tages Lärm,
liebliche Idylle!

Ros und Rebe hauchen mild
köstliche Arome,
und die weiße Taube schwebt
überm Blätterdome.

Welt und Weh so fern, so fern …
selig abgeschieden
atmet, wer hier Einkehr hält,
deinen tiefen Frieden.

(1921)

Gerd Kolter

Reichenau

Wer spricht denn
von Insel
die Pappelallee kennt
ihr altes Mönchsziel

Die Kirchen sind fest

Vor den Fresken
in blassem Pastell
verkümmert schwäbischer Barock
der geht auch nicht
auf die Kuhhaut

Alle Schlangen
sind hier vertrieben

Eitel erzählt der Herbst
dem Ufer
strotzende Gemüsegeschichten

Das Schloß
steht zum Verkauf

(1987)

Heinrich Ernst Kromer

Klein-Großes

Bin bei gewohntem Mittagessen
Heut' in Engstler's Garten gesessen;
Ein Schoppen Bier, ein schwarzes Brot,
Sie linderten des Magens Not;
Und daß ich nicht den Hunger fühle,
Erquickt' ich mich, in der Mittagsschwüle,
An allerfrischender Schattenkühle.

   Meinen Arm in die Lehne gehängt,
Sandt' ich den Blick im Garten umher,
Und ward auf manches Ding gelenkt,
Daß einer Schilderung würdig wär'. –

   Grüngolden fiel der Sonne Licht
Durch das Kastanien-Laubdach dicht;
Freundlich spielten Kringeln im Kies,
Wie das Geblätter sie spielen ließ.
Draußen blendet im weißen Schein
Der heiße Straßenstaub herein,
Indes vom grünen Seegewog
Feuchtfrischender Duft den Garten durchzog.

   Wohl, hier in diesen grünen Räumen
Konnt' ich den ganzen Mittag verträumen;
Aber Ernsteres gab es zu thun,
Als faul im Schatten auszuruh'n! …

   Zwischen den Tischen auf freiem Platz,
Sah ich einen emsigen Spatz.
Der pickte, schleppend mit Müh' und Not,
An einem schwarzen Stücke Brot.

Hätte gern die nährende Last
Mit festem Schnabel angefaßt,
Das ganze Stück zur Höhe zu tragen,
Um's dort in Ruhe abzunagen;
Aber es wollte ihm nicht gelingen,
Es entführend sich aufzuschwingen! –
   Andere Spatzen hüpften herum,
Piepsend; doch war keiner so dumm,
Mit solchen Brocken sich zu plagen,
Um sie in die Luft zu tragen.
Sie konnten immer, sich nährend picken,
Ohne nur einmal aufzublicken;
Hungerten nicht nach großem Ruhme
Und begnügten sich mit der Krume!
   Laß, Spätzlein, liegen das schwere Brot!
Es fortzutragen macht dir Not;
Deine Last und Müh' laß fahren,
Und nähr' dich, wie die Spatzenscharen,
Ohne Unerfolg und Plage,
Ruhmlos fort von Tag zu Tage! ...
   Plötzlich: Da durchzuckte es mich,
Ob ich nicht in meinem Gebahren,
Mit seiner Last, mit seinen Gefahren,
Diesem thörigen Spatzen glich?
   Laß ich die großen Brocken wohl liegen,
Um nie mit ihnen zur Höhe zu fliegen;
Oder werde ich Flügel kriegen,
Ihre Schwere zu besiegen,
Und mich, auf freien Höh'n, erhaben,
Am Danke und Erfolg zu laben?
Manchem würde die Müh' entleiden –
Bin ich wohl nicht von diesen Gescheidten? ...

(1893)

Willy Küsters

Die Kleinstadt

Ein trüber Dunst steigt aus den ausgeträumten schmalen Gassen,
Wo hagre Häuser dürr ins Firmament zu ragen sich erfrechen;
Aus dem verfallenen Gemäuer wachsen Gras und böse Zungen,
Die wie das Straßenpflaster spitz durch manche Sohlen stechen.

In dumpfen Stuben wächst die Biederkeit in dicken Fladen
Und grinst aus Fenstern, Ladentüren, Mützen, Hauben;
In hintern Höfen wehen bunte Röcke, Hosen, Windelzeug,
Vergilbte Banner der Devise: Treu und Glauben.

Wer sich aus diesem Sumpf erheben will, den duckt man gleich,
Er wird am schäbiggrauen Band der Tradition gegängelt,
Nur lahme Wichte duldet ihr Philisterreich,
Gewohnheitsvolk, das nur zu Stall und fetter Krippe drängelt:
So klebt die kleine Stadt im Tal, ein mürber Teig,
Den feist so wohlgesättigt Madenvolk durchschlängelt.

(1913)

Willy Küsters

Abend in Staad

Der Säntis zieht die letzten lichtbestrahlten Flächen ein.
Bald werfen graue Wolken schwarze Schatten,
Erdrücken weit und breit den gold'nen Flimmerschein,
Den letzte Sonnenstrahlen auf den See gebreitet hatten.
Ein müder Dampfer schleppt dem Hafen zu mit schwerer Fracht
Nun ist es Nacht.

(1912)

Rudolf Leonhard

Nur eine Stadt

Das alte Konstanz am Bodensee,
eine schöne Stadt, keine kleine Stadt,
das mehr als fünfunddreißigtausend Einwohner hat,
ist verwuchert von Jammer, gelähmt von Weh.

Als wär es im Schaum und Schutt vergraben
und krank vergiftet von Scharen von Schlangen –
sechsundsiebzig Frauen in Konstanz haben
Selbstmord begangen.

Sechsundsiebzig Selbstmorde in wenigen Wochen –
und das Schwäbische Meer
leuchtet für Konstanzer Augen nicht mehr.
Was ist über Konstanz hereingebrochen?

Konstanz liegt in Deutschland. Die jungen und alten
Männer sind in den Krieg gefahren,
Konstanz ließ, wie Deutschland, ja Hitler walten.
In den vier ersten Kriegsjahren

wurden zweitausendeinhundert Konstanzer von Granaten
                                                    zerfetzt,
von Kugeln durchlöchert, von Flammen erschlagen.
Da stand in Konstanz jedes Haus wie ein Leichenwagen,
und die Stadt war, wie Deutschland, vom Tode, vom Feinde
                                                    besetzt.

RMENSCH RAD MENSCH MENSCH   AUTO AUTO
AMENSCH MENSCH MENSCH
D ME R NSCH MENSCH
  MENSCH   R R MENSCH MENSCH
MEN A SCH MENSCH   A A
MENSCH D MENSCH   D D MENSCH MENSCH RAD
  GROSSE UND KLEINE R   R MENSCHEN MENSCH
KINDERLAGEN MENSCH A D
VIELE MENSCHEN DIE   SICH UEBER ANDERE
MENSCHEN AERGERN ABER VOR ALLEM UEBER
TOURISTEN UND FAHRRAEDER UND ALLE DI
RAD MICHELIN UND STADTPLAENE IN DER HAN
AUTO HALTEN GRUESS GOTT HERR JA LOMON
   MENSCH   RAD
MENSCH MENSCH R   MENSCH M H MENSCH
                          A   E E
                          D   N N   MEN
                                     S S
                                     C C
                                     H H   MENSCH

Doch Hitlers Krieg ist immer noch weiter gegangen.
In den letzten Schlachten im Osten
mußten, in Hitlers Heer gefangen,
noch eintausendsechshundertfünfundachtzig Konstanzer die
                                  bittere Erde kosten.

Dreitausendsiebenhundertfünfundachtzig Tote, bis heute, in
                                  einer Stadt nur! Von allen
Konstanzern ist jeder zehnte Mann gefallen,
jeder zehnte Konstanzer fault in einem lehmigen Loch;
und Hitler lebt immer noch!

(1944)

MENSCH   AUTO
      RAD

Walter Neumann

Reichenau

Armut, Alterung,
irrisch Sein.
Flach atmet die Inselbrust
Luftschwaden aus.

Was auf eine Kuhhaut geht,
auf einer Kuhhaut steht,
reicht nicht drei Schritt weit.

Die Georgendecke aus Holz,
die Krypta fest, aber geschlossen.
Fische und Mais, davon lebt man.
Dommeln trommeln im Schutzrohr.

Landwärts der Dammweg,
vorbei wieder am Irrenhaus.

(1976)

WALTER NEUMANN

Mainau

Flirrgarten,
rosenbetäubt, orangengeglüht,
abermals Licht, wie es zuschlägt,
oder,
eine Biene im Ohr,
das Gehirn
von innen
ersticht.

Gewöll
wälzt sich her von der Lände,
statt Augen nur Linsen;
an ihnen vorbei
fällt der fiedrige
Mittagsblitz,
zieht Pestrauch
vom Orient
schwarz an den Stauden
herauf.

(1976)

Max Rieple

Sommertag im Wollmatinger Ried

Die Sonne flirrt und schwirrt in grellen Funken
um Schilf und Rohr, Libellenblitz zuckt blau,
blaßgrüne Schatten schwanken ungenau,
und Hummeln läuten, von dem Glanze trunken.

Wie Glockenklingen lockt der Ruf der Unken,
pfeilschnelle Wespen flitzen glitzernd hin,
und Wasserspinnen blanke Linien ziehn
auf einen Tümpel, tief im Glast versunken.

Von Hitze steif gekocht steht starr das Rohr.
Ein schrilles Zirpen zittert durch das Gras,
als ritzten Silberstifte dünnes Glas.

Da stiebt ein Schwarm von Enten jäh empor.
Ein Schattenflügel tastet übers Ried.
Und wieder singt das Licht sein flirrend Lied.

(ca. 1955)

Max Rieple

Die Mainau

Gelassen schreitet eine Treppe
durch Rosenbögen und verhält
den Schritt dann, von Gebüsch umstellt,
und rafft die reiche Blumenschleppe.

Im Seewindwehen, in dem lauen,
stehn Palmen, fremde Blumen blühn
und lassen ihre Feuer sprühn
um Götter, die aus Lauben schauen.

Und wenn statt Äpfeln hier die Hand
Orangen pflückt, – und Aloe
aufwächst zu stolzem Blütenbaum,

scheint es, als sei dies Inselland
emporgetaucht aus blauem See
und könnte schwinden wie ein Traum.

(ca. 1955)

Max Rieple

Die Insel Reichenau

Sie hält sich stets als Spiegel vor
den blanken See, die schöne Frau,
und blickt in selbstzufriedner Schau
ins Wasser aus dem Blütenflor.

Um ihre Schultern schlingt ein Schal
von Gärten sich, und gürtelgleich
umschmiegen ihre Hüfte weich
die Uferwege, heiß und schmal.

An grauer Kirche, sonndurchglüht,
ist ihr ein Schattenplatz geschenkt,
kühl zwischen Bäume eingesenkt.

Dort ruht sie aus, vom Glanze müd,
und in dem Duft von Obst und Wein
schläft schon im Mittagslicht sie ein.

(ca. 1955)

Rainer Maria Rilke

Vision

Ich geh durch die greise, nächtige Stadt,
will sehen, was Konstanz für Träume hat.

Ob sich der alte Zauber schon brach?
Lichter erstehen und sterben im Hafen,
Giebelhäuser sinnen verschlafen
wilden, weiten Zeiten nach.
Etwas weht in dem Dämmer des Orts,
etwas wohnt in den dumpfen Gassen
noch von dem alten Pfaffenhassen
eines erlösenden Flammenworts.
Dunkel stiert ein gieriger Sinn
aus der ewigen Kälte der Säle,
und wie Gewänder der Kardinäle
schleppt der Wind an den Häusern hin.
Heimlich wie leise Knappen der Herrn
schwinden Schatten im Dämmerflocken …
Und dann kommt es wie Osterglocken
über den Hafen von fern, von fern.
Und ich schaue zurück nach der Stadt,
will wissen, was Konstanz für Träume hat.

Und über dem schwarzen Zinnentor
wächst es reckenriesig empor,
wächst in das nächtige Glockengebraus,
wächst in die dröhnende Nacht hinaus.
Seltsam. – Ist das der Münsterturm? –

Schultern sind das, erstarkt im Sturm,
ehern, darauf geschraubt,
ruht,
sternumlaubt,
herrlich ein Heldenhaupt
mit dem Ketzerhut. –
Huß. Wie in der Worteschlacht,
hoch, wie einst beim Konzil.
Da weint die Nacht.
Und er nickt nur sacht
und lacht
über Kaiser- und Pfaffenspiel. –

So sah ich den Helden in nächtiger Stadt:
Er will wissen, was Konstanz für Träume hat.

(Konstanz, in der Osternacht 1897)

PETER SALOMON

Konstanz, Marktstätte, 12. Juli 1993

Ich denke, ich kratze ab.
Leger gesagt. Denn was nicht
Leger ist, törnt ab.
Die meisten sind ja Zombies
Und da will man jeden Tag
Ein Fest, sonst spürt man
Nichts. Hussa!
Mein Gehör geht flöten.
Lärm. Gequatsche. Streß.
Was ist?

Das, was Fußgängerzone werden sollte
Vor meinem Bürofenster, ist jetzt
Tatsächlich autofrei. Richtige
Jahrmärkte werden jetzt da geboten.
Ein Stand, z. B., 20 Meter lang, nur
Sonnenbrillen! 10 Mark das Stück, die
Goldfarbe glänzt noch. Und dazu
Rockmusik von der Firma Suzuki.
Großer Bedarf! Mein Gehör geht flöten.
(Locker gesagt, aber voll Haß.)

In puncto Akustik wirken geparkte Autos
Wie Möbel und Gardinen in der Wohnung.
Ein Büro über einer schön gepflasterten
Fußgängerzone macht taub.
Kapitalismus zu Fuß! Infanterie!

Überall billige Sonnenbrillen unterwegs
Durch die Stadt. Blendet die Sonne so?
Sie drehen paar Runden, dann kommen sie
Hoch zu den Anwälten. Schnell etwas
Vom Elend ablassen. Man ist ja gut drauf.

Total locker. Die Probleme gehören gelöst
Und zwar schnell!
Von mir
Bevor ich taub bin
Oder abgekratzt
Soll ich nochmal zuhören
Was für Schweinereien im Gange sind
Und dann was machen.
Los. Los.
Man hat noch viel vor –

(1993)

Joseph Viktor von Scheffel

Seefahrt

Will des Lebens Sorge ihr düster Grau
dir zeigen in späteren Jahren,
so denk an die Insel Reichenau
und wie wir zum Festland gefahren!

Grün wogte die Welle, leicht tanzte das Boot,
harmonisch erklangen die Lieder –
ein Hauch von jenem Seeabendrot
erlischt in der Seele nicht wieder.

(1855)

August Schnetzler

Zu Konstanz auf dem Dome

Zu Konstanz auf dem Dome
Stand ich voll Lust und Weh,
Durchwallt vom grünen Strome
Weitum der blaue See,
und in den Abendgluten
Hob rosig aus den Fluten
Tirol der Alpen Schnee.

Horch! Klang's nicht aus den Tiefen
Und von des Ufers Kranz,
Als ob sich Nixen riefen
Zum Abendringeltanz?
„Herab zu mir, du Wandrer!
Hier unten blüht ein andrer,
Ein frischerer Lebensglanz!"

Die Glocke von dem Dome
Klang mich so traurig an;
Da schwamm im Silberstrome
Der Fürst der Nacht heran:
Sanft lächelnd durch die Wogen
Kam still der Mond gezogen
In seinem Wolkenkahn.

(19. Jahrhundert)

Lotte Schünemann-Kilian

Mainau

Noch ist der Himmel erfüllt von Vögeln dir, schöne Insel,
Und es rauscht das Schiff dir vorbei,
Die du schöner mir scheinst, da es Herbst geworden.
Nahe vorbei das Schiff, aber keiner betritt dich.

Von zu vielem Gelaub hat Baum um Baum sich befreit
Und stellt seinen Wuchs dar:
Schimmernde Dryas und goldumwölkte Helden,
Aufsteigend in ihre Entrückung den Hügel,
In hellen und dunkleren Strophen und tragend in sorglichen
                                        Armen
Das Kleinod, das Schloß.

Mit der Stirne nach Osten, mein Schloß, liegst du,
Dem Kuß erhoben des Lichtes, des Morgenjünglings,
                            hinter dem fern, fern,
Die Herden des Windes sich tummeln auf rätselhaftem
                            Hochland.
Mit aufgetanen Blicken dem Strahlenden ruhst du, hohe
                            Wohnung.
Sind deine Säle auch halb geleert, es kehren aber noch
                            ein die Erlauchten,
Denn deine Wände harfen noch und sind honigwarm
Und ein lieber Ort für jene.

Aber nicht lang mehr.
Da werden die Fittiche stürzen aus allen Schichten der
                              Himmel,
Und kein Flug wird sein, kein Sang mehr
Und kundelos das Land.

In schwebenden Wassern schwebst du vorüber mir, Insel.
Und aus dem Häuschen am Landesteg reckt der Wächter,
Die Krume zu reichen, seine Greisenhand hin
Dem weißen Vogel.

(1949)

Georg Schwarz

Inselmorgen

Insel im heitern Meer,
Ließen am Sonnenseil
Dich die Götter herab?
Wellenmädchen umtanzt,
Umjauchzt, umhuldigt dich.
Flammende Wächter stehn,
Zypressen, um deinen Schlaf.
Rosenodem du hauchst
Aus der tauigen Wiege.
Unterm laubigen Dach
Ampelt die gelbe Zitrone,
Sonnenbällchen! Zum Spiel
Schenkt dir's die Mutter im All.

Aus dem Zyklus *Auf der Insel Mainau*
(1949)

WALAHFRID STRABO

Insellied

Meine Tränen fließen, denk ich,
Wie mir einst so wohl gewesen,
Da die Reichenau dem Knaben
Noch, die sel'ge, Obdach gönnte.

Heilig mir allzeit und teuer,
Mutter du, geweiht den Heil'gen,
Ehrenwürdig, hochgepriesen,
Frommer Brüder sel'ge Insel.

Heilig du zum andern Male,
Wo die hehre Gottesmutter
Ward von allem Volk verehret,
Nochmals tön' es: sel'ge Insel.

Rings von Wassern wild umbrandet,
Stehst du fest, ein Fels der Liebe,
Streuest weit und breit der Lehre
Samenkörner, sel'ge Insel!

Immer steht nach dir mein Sehnen,
Dein gedenk ich tags und nächtens,
Die du uns versorgt mit allem,
Das wir brauchen, sel'ge Insel!

Mögest fröhlich du gedeihen,
Stets dem Willen Gottes folgend,
Daß die Reichenau man selig
Preisen mög' und ihre Söhne.   (vor 849)

Martin Stockburger

Linie 1

Dämmerung.
Der Fortgang meines Lebens.
Ich schaue auf den Himmel zwischen den Bäumen.
Hier sitze ich gut.
Ein Park zwischen den Häusern.
Eine Stimme sagt die Haltestellen an.
Ich sammle mein Material.
Alles wie früher.
Wann war die Welt?
Klappern des Geldes.
Einer wippt mit seinem Bein.
Ah, das Wasser.
Hinten die Brücke.
Der Turm.
Pulverturm.
Statuen.
Wer steht da?
Licht in der Schule.
Humboldt-Gymnasium.
Wilhelm oder Alexander?
Ich fahre fort.
Eine Schweizerin.
Magst du *vühre* sitzen?

(2005)

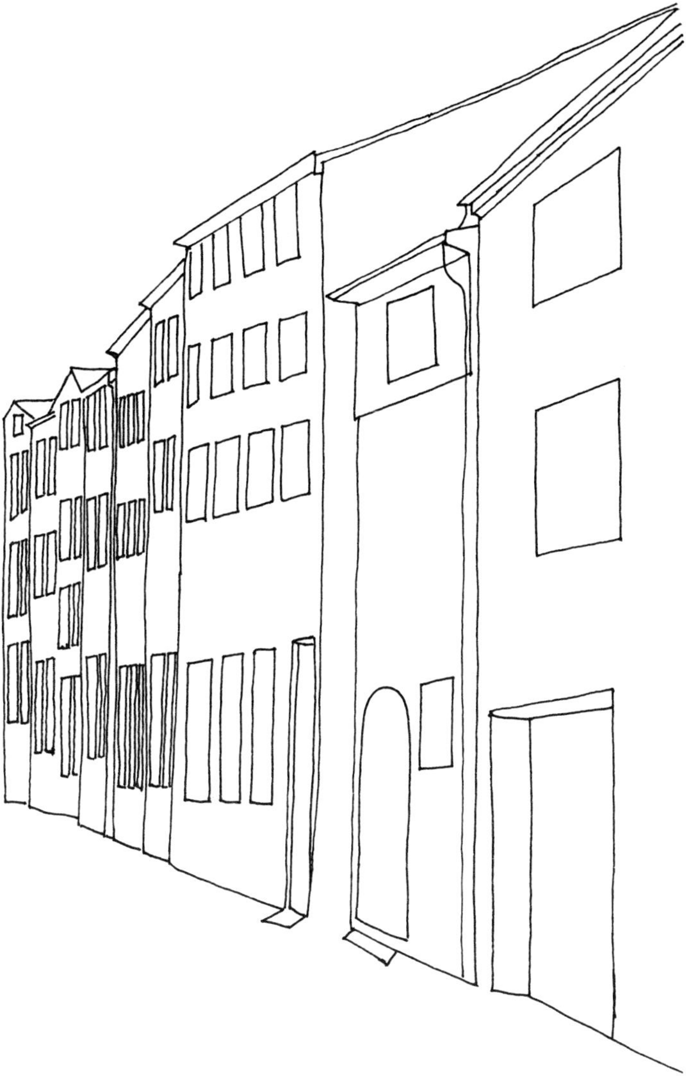

Aeneas Sylvius

Grabschrift für Manuel Chrysoloras

Der ich Latium gelehrt, frei von verdorbener Strache
neu zu üben die Künste des Altertums, der ich
des Demosthenes und des Cicero glänzende Rede
wieder an's Licht gebracht, ich, Chrysoloras mit Namen,
hier, an fremder Stätte, starb ich und lieg ich begraben.
Hierher führte mich mein Amt zum Konzil, als verworren
in der Kirche zugleich drei Päpste rangen um Herrschaft.
Mein Geschlecht stammt aus Rom. Mich selbst gebar die
                                          berühmte
Stadt des Ostens, Byzanz. In Konstanz ruht meine Asche.
Wo der Tod uns trifft, gilt nichts: überall auf der Erde
ist der Himmel gleich weit und der Ort der ewigen Strafen.

                (Übersetzt von Wilhelm von Scholz)

(15. Jahrhundert)

Monika Taubitz

Blick nach Konstanz

Hinüberdenk ich,
wenn Nebel den See überflutet,
mein Blick
der Nacht in die Netze geht.
Drüben, denk ich,
das andere Ufer,
überschreitbare Grenze.
Davor die Stadt.
Stein auf Stein
lagern Geschichten.
Wie Rauch sich verflüchtigt,
zum Himmel steigt's dennoch
aus glimmender Asche:
Jan Hus.
All die Jahre
strömen davon,
rheinabwärts,
und Brücken spannen
sich drüber ins Heute,
mein Gegenüber.
Jetzt zündet das Feuerwerk!
Wie Wintergewitter
kündigt sich's an.
Vom Münster läuten
die Glocken.

(2000)

Donald Michael Thomas

Wien, Zürich, Konstanz

Es war ein tiefgründiges Nichttreffen.
Der Zug auf der Nebenstrecke Zürich–Konstanz
besaß einen Waggon, der ein Abteil besaß
mit einem weißen Sitzbezug und dem Eindruck Dr.
                              Jungs –
geschlitzte Augen in einem streitsüchtigen Dickschädel,
keineswegs der nette junge Mann seiner alten Tage.

Die junge Frau gegenüber, strahlend
in einem schwarz-weiß gestreiften Kleid, blauem Halstuch,
plauderte nicht mit dem Mann, der seine Aktentasche
                              nicht umfaßt hielt,
sondern las während der kurzen Reise, gelegentlich lächelnd,
auch stieg sie nicht mit ihm in Konstanz aus,
wo er herzlich von einem älteren Mann umarmt wurde.

Der Zug auf der Nebenstrecke Konstanz–Zürich
besaß einen Waggon, der ein Abteil besaß
mit einem weißen Sitzbezug und dem Eindruck Dr.
                              Freuds –
sein Antlitz, von Kämpfen geprägt, heiter blickend.
Der junge Mann gegenüber in einem sehr modernen, sehr
engen braunen Anzug mit einer schweren viktorianischen
                              Uhrkette
stutzte nicht über den alten Herrn, der sich nicht vorbeugte
und ihm nicht mit einem Zwinkern erzählte, warum er
vorübergehend bei dem Wort Konstanz ins Stottern
                              geraten war,

sondern träumerisch seine Hände rieb und hinausstarrte.
Auch half er ihm nicht mit seinen Koffern in Zürich,
wo er herzlich von seinem Sohn begrüßt wurde.

Durch ein merkwürdiges Zusammentreffen
war die junge Frau, die in Jungs Abteil gewesen wäre,
wäre wäre Jung gereist, die Geliebte
des jungen Mannes, der in Freuds Abteil gewesen wäre,
wäre Freud gereist. Nachdem sie ihre Pläne
durcheinandergebracht hatten, fuhren sie aneinander vorbei,
                                        ohne es zu wissen.

Die junge Frau, die auf ihn im Hotel in Konstanz wartete,
stieg aus ihren verregneten Kleidern.
Ihr Pelzhut war vorübergehend zur Vulva geworden.
Der junge Mann, der auf sie im Hotel in Zürich wartete,
starrte gereizt aus dem Fenster
und sah ein unheimliches Licht über den Himmel gleiten.

Während Emma und die Kinder vom Tisch aufstanden,
akzeptierte das weise Haupt, das sich dunkel in der Politur
                                        spiegelte,
nicht mit guter Miene die modifizierte Libidotheorie.
Auf die Wasser des Bodensees starrend,
während eine väterliche Hand auf seiner Schulter ruhte,
schwor Jung nicht lächelnd seine mystische Verirrung ab.

Freud speiste trübe bei dem treuen Binswanger
und schützte Kopfweh vor. Jung arbeitete noch spät.
                                Eulen schrien.
In ihrem unruhigen Schlaf tauschten beide ihre Träume aus.
Auf die Jungfrau fiel Schnee. Lenin schlief traumlos.
Die Jahrhunderte trieben langsam voneinander fort.
In Emmas Küchenschublade schnappte leis eine Messerklinge.

(1983)   (Übersetzt von Harald Hartung)

Heinrich Vieroth

Konstanz

O Konstanz, säntisüberglänzt,
Berühmt in Wort und Lied,
Dein Name, hell wie Jugendklang,
Durch Deutschlands Seele zieht!

Die liebe, treue, deutsche Stadt
Mit dem Konziliumsbau,
Dem Hafenturm an blauer Flut,
Der Marktstätt' altersgrau:

Wie spiegelt sie sich klar im See
Samt dem ehrwürd'gen Dom!
Wie kraftvoll strudelt aus dem See
Der Rhein, der Gletscherstrom!

Das Rheintor, zugemauert zwar,
Raunt noch vom Spanierheer,
Vom Fleischermeister flüstert's leis
Die ew'ge Heldenmär. –

Das Haus „Zum Hohen Hafen" dort
War einst mein Elternhaus,
Da sprang ich keck als lustiger,
Spielfroher Knabe draus.

Dort gehn am Tag Gespenster um,
Dort rauscht's geheim zur Nacht,
Als schleife Rotbarts Mantelsaum
In alter Stauferpracht.

An Barbarossas Laubenhaus
Der Kaiser stieg vom Roß,
Hier war's, wo er den Haß begrub,
Mit Mailand Friede schloß…

Einst Römerort, jetzt Deutschlands Hort –
Ob längst die Jugend blich,
O säntisüberglänzte Stadt,
Noch immer lieb' ich dich!

(1926)

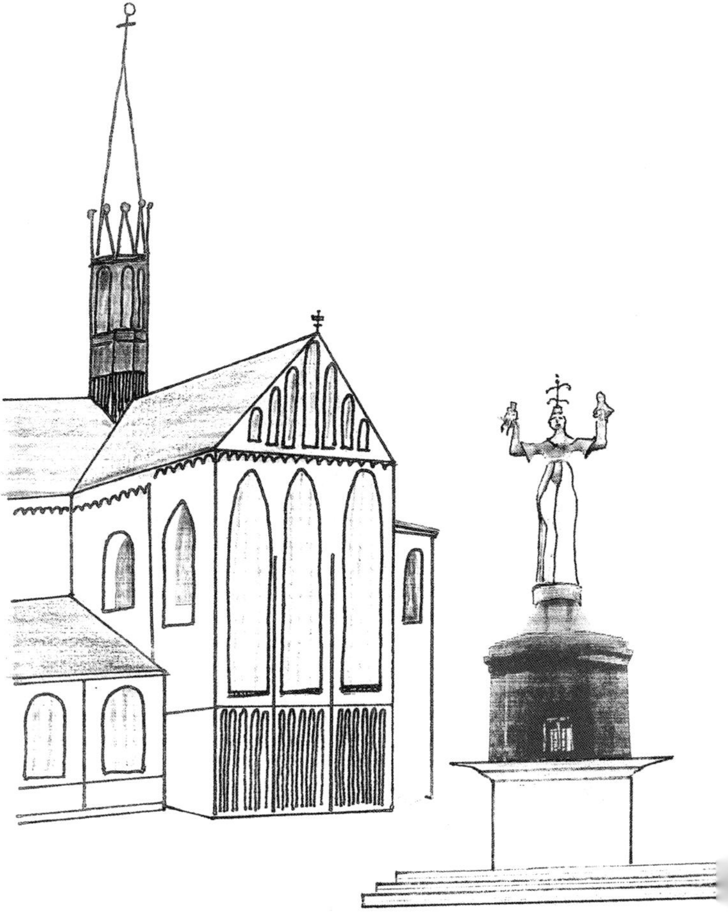

Thomas Wolf

Konstanzer Morgen

Glockendonner
überm Domhotel
ein Auftauchen
aus tausend-
jähriger Amnäsie
ein Wieder-
erwachen lang-
sam wie der
Gaukelflug
katholischer
Brieftauben
ein Belebung
die einsetzt
mit schwachem
Scharren
und anschwillt
bis zum überspitzten
Crescendo eines
Möwenschreis

(1992)

Oswald von Wolkenstein

Loblied auf Konstanz

O wunderbares Paradies,
in Konstanz habe ich dich gefunden!
Mehr als alles, was ich höre, sehe und lese
erfreust du mich von ganzem Herzen.
Nah und fern, überall,
in Münsterlingen und anderswo
regiert dein stolzer Name.
Wer sollte da nicht jung bleiben?
   Gar viel Augenweide
   in mannigfachem Gewande,
   schlicht, zierlich oder breit,
   sieht man in Konstanz prangen.
   An roten Mündlein hats keine Not,
   eines davon bedroht mich,
   und rosenlichte Wangen.
Gebärde, Worte und untadelige Art
erkennt man gleich am hohen, federnden Gang
mancher stolzer Frauen.
St. Peter läßt mich nicht lügen,
den ich immer voll Andacht
in meinem Gebet lobpreisen will,
denn ihm gebühren alle Ehren,
und mir wärs leid um den, der anders spräche.

Manch zarte Fraue,
engelgleich in leuchtender Schönheit und klarem Glanz
nahm meine Sinne ganz gefangen
bei Katz-Reigen und und Tanz.
Und die Schönheit der Einen macht,
daß ich sie nicht vergessen kann.
Wahrlich, viel Frohsinn und Freude
findet man in Konstanz!

(Übersetzt von Hildegard Reifschneider)

(1431)

Volker Zorr

Konstanz, Konzil

Wie eine Hoffnung nahen am Abend
die Schwäne über den See,
in ihren Federn fand das Licht
Ruhe auf der Flucht.

Dann ist es Nacht. Du hörst
den Staub, zu dem dein Leben dir
zerfällt und den der Wind schon fortträgt
mit dem Laub der Ufer

(und an dem stählernen Geländer
entfaltet das Insekt, im Netz der Spinne
schon erstarrt, noch immer seine Flügel
wie zum Flug!),

der Wind, der auf das dunkle
Wasser seine schlechten Netze
wirft, die nichts erfüllt
als unhebbare Leere.

(1999)

Martin Zürn

der reichen au
ein liebes gedicht

fronende knechte rammten
   stein säulen
   in deinen weichen grund
   bauten bergende bögen

drin schwitzten alte mönche
   trieben
   zucht auf dir
gemüse und kräuter
   was sonst

heute decken die bauern
   ihre deine erde
   mit plastik & glas
gemüse kondome
   & was gegen sie samen
   des unkrauts

doch gegen
   die weißen warzen der villen
   das geplatzte geschwür
   den zelt platz
hilft dir das nix

(1990)

Stefan Zweig

Stadt am See
Konstanz

Schon fern in dämmernder Verschönung
Die ernste Linie einer deutschen Stadt,
Geschmiegt in Wolken von so zarter Tönung,
Wie sie allein der Juniabend hat.

Im Uferpark Musik aus dunklen Lauben,
Ein Lied: kennst du das alte Lied nicht mehr?
So lieb, so trüb wie Saft aus schweren Trauben
Ganz langsam quillt das Lied die Wellen her.

Da klingt dein Herz, als ob es Heimweh hätte,
Und sieht doch diese Stadt zum erstenmal,
Zum erstenmal die dunkle Silhouette,
Die schlafend lehnt im fahlen Mondenstrahl.

(1917)

Bio-Bibliographische Notizen

Hans Arnold, geboren 1859 in Thüngersheim, gestorben 1906 in Konstanz. *Gruß aus dem Konstanzer Amtsgefängnis* aus: H.-J. Steinberg/W. Emmerich (Hrg.), Mahnruf. Gedichte die im ‚Sozialdemokrat' nicht abgedruckt wurden, Bremen 1983

Arnfried Astel, geboren 1933 in München. Lebt in Saarbrücken. Der Zyklus *Reichenau* in: Die Faust meines Großvaters, Heidelberg 1979 (Verlag Das Wunderhorn)

Erich Bloch, geboren 1897 in Konstanz, gestorben 1994 ebenda. *Reichenau* aus: Stimmen des Lebens, Konstanz 1924 (Buch- und Kunstverlag)

Johannes Bobrowski, geboren 1917 in Tilsit, gestorben 1965 in Berlin. *Die Mainau* aus: Gesammelte Werke in 6 Bänden, Band 2, München 1998 (© Deutsche Verlagsanstalt München in der Verlagsgruppe Random House GmbH)

Emanuel von Bodman, geboren 1874 in Friedrichshafen, gestorben 1946 in Gottlieben/Thurgau. *Haidelmoos – Am Waldrand* aus: *Der tiefe Brunnen*. Funken. Die gesamten Werke, Band 2, Hrg. Von Karl Preisendanz, Stuttgart 1952 (Reclam Verlag). © Deutsche Schillergesellschaft, Marbach am Neckar

Robert Brendel, geboren 1889 in Pachuca/Mexiko, gestorben 1947 in Hamburg. *Mainau im Bodensee* aus: Wandlung und Dauer, Reinbek 1952 (Parus Verlag)

Wolfgang Brenneisen, geboren 1949 in Tilsit. *Annäherung an Konstanz* aus: Also, die Kohle stimmt; Augsburg 1988 (Maro Verlag)

Hans Georg Bulla, geboren 1949 in Dülmen/Westf. Lebt in Wedemark bei Hannover. *Konstanzer Krankheit* aus: Kindheit und Kreide, Frankfurt a.M. 1986 (Suhrkamp Verlag)

Richard Dehmel, geboren 1863 in Wendisch-Hermsdorf (Brandenburg), gestorben 1920 in Hamburg. *Konstanz* aus: W. v. Scholz (Hrg.), Der See, Konstanz 1920 (Reuß & Itta)

Rudolf Adrian Dietrich, geboren 1894 in Berlin, gestorben 1969 in Hamburg. *Konstanzer Requiem* aus: Peter Salomon (Hrg.), Ich bin ein Abenteurer dieser dunklen Zeit. Der Expressionist Rudolf Adrian Dietrich, Eggingen 1993 (Edition Isele)

F. Ernst, nicht ermittelt. *Auf der Insel Reichenau* aus: Dichtungen, Heidelberg 1837

Friedrich le Feubure, biografisch nicht ermittel. *Fremdenblatt vom Bodensee* aus: Zauberorte, Dichterworte. Unterwegs zwischen Hegau und Bodensee, Singen 2003 (Verlag Michael Greuter)

Ursula Flügler, geboren 1940 in Baden-Baden. Lebt in Offenburg. *Konstanz* aus: Jochen Kelter / Peter Salomon (Hrg.), Literatur im alemannischen Raum, Freiburg 1978 (Dreisam Verlag)

Walter Helmut Fritz, geboren 1929 in Karlsruhe. Lebt ebenda. *Reichenau* aus: Veränderte Jahre, Stuttgart 1963 (Deutsche Verlagsanstalt)

Reinhard Goering, geboren 1887 auf Schloß Bieberstein bei Fulda, gestorben 1936 bei Jena. *Konstanz* aus: Prosa Dramen Verse, München 1961 (Langen-Müller Verlag)

Conrad Gröber, geboren 1872 in Meßkirch, gestorben 1948 in Freiburg i. Br. *Heimatstadt Constantia* aus: Unser Konstanz. Ein Heimatbuch, Konstanz o.J.

Walter Gröner, geboren 1950 in Heubach/Wttmbg. Lebt in München. *Sprache der Steine* aus: Fabrikler, Leser und Poet; Bühl-Moos 1985 (Elster Verlag)

Carl Gutzkow, geboren 1811 in Berlin, gestorben 1878 in Sachsenhausen, Frankfurt a. M. *Hus und Hieronymus* aus: Dino Larese (Hrg.), Der Bodensee. Tausend Jahre Dichtung am See, Frauenfeld 1994 (Huber Verlag)

Martin Heidegger, geboren 1899 in Meßkirch, gestorben 1956 in Freiburg. *Abendgang auf der Reichenau* aus: © 1983 Vittorio Klostermann, Frankfurt am Main, 2., durchgesehende Auflage 2002, Martin Heidegger Gesamtausgabe, Band 13, Aus der Erfahrung des Denkens

Norbert Jacques, geboren 1880 in Luxemburg, gestorben 1954 in Koblenz. *Reichenau* aus: Bodenseebuch 1915, Konstanz 1914 (Reuß & Itta)

Jochen Kelter, geboren 1946 in Köln. Lebt in Tägerwilen/Thurgau. *Ruderer* aus: Unsichtbar ins taube Ohr, Zürich 1982 (Ammann Verlag)

Hermann Kinder, geboren 1944 in Thorn/Polen. Lebt in Konstanz. *Staad* aus: Nachts mit Filzstift und Tinte, Eggingen 1998 (Edition Isele)

Anton König, geboren 1872 in Ölkofen/Saulgau, Todesdatum nicht ermittelt. *Mainau* aus: Bodensee-Chronik, Konstanz 1921

Gerd Kolter, geboren 1949 in Ludwigshafen. Lebt in Göppingen. *Reichenau* aus: An den See zu fahren, Bergen/Holland 1987 (Eric van der Wal)

Heinrich Ernst Kromer, geboren 1866 in Riedern am Wald / Kreis Waldshut, gestorben 1948 in Konstanz. *Klein-Großes* aus: Schauen und Bauen, Dresden und Leipzig 1893 (E. Pierson's Verlag)

Willy Küsters, geboren 1888 in Duisburg, gestorben 1949 in Friedrichshafen. *Die Kleinstadt* aus: Peter Salomon (Hrg.), Wo hagre Häuser dürr ins Firmament zu ragen sich erfrechen. Der Expressionist Willy Küsters, Eggingen 1993 (Edition Isele); *Abend in Staad* aus: Konstanzer Zeitung, Unterhaltungsblatt, Nr. 51 vom 27.4.1912

Rudolf Leonhard, geboren 1889 in Lissa/Posen, gestorben 1953 in Berlin. *Nur eine Stadt* aus: Deutsche Gedichte, Berlin 1947 (Dietz Verlag)

Walter Neumann, geboren 1926 in Riga/Lettland, lebt in Bibertal bei Ulm. *Reichenau* und *Mainau* aus: Jenseits der Worte, München 1976 (Delp Verlag)

Max Rieple, geboren 1902 in Donaueschingen, gestorben 1981 ebenda. *Sommertag im Wollmatinger Ried*, *Die Mainau, Die Insel Reichenau* aus: Bodensee-Sonette, Lahr o.J. [ca. 1955] (Moritz Schauenburg Verlag)

Rainer Maria Rilke, geboren 1875 in Prag, gestorben 1926 in Valmont bei Montreux. *Vision* aus: Sämtliche Werke, Band 3, Frankfurt a.M. 1959 (Insel Verlag)

Peter Salomon, geboren 1947 in Berlin. Lebt in Konstanz. *Konstanz, Marktstätte, 12. Juli 1993* aus: Kleine Pannenhilfe für Schöngeister. Gesammelte und neue Gedichte 1968-2004, Eggingen 2005 (Literaturverlag Isele)

Joseph Viktor von Scheffel, geboren 1826 in Karlsruhe, gestorben 1886 ebenda. *Seefahrt* aus: Sämtliche Werke, Leipzig 1855 (Hesse & Becker)

August Schnetzler, geboren 1809 in Freiburg, gestorben 1853 in München. *Zu Konstanz auf dem Dome* aus: Unser Konstanz. Ein Heimatbuch. Konstanz o.J.

Lotte Schünemann-Kilian, geboren 1898 in Freiburg i. Br., gestorben 1975 in Überlingen. *Mainau* aus: Hermann Beutten (Hrg.), Bodensee-Dichterspiegel, Konstanz 1949 (Verlagsanstalt Merck & Co.)

Georg Schwarz, geboren 1902 in Nürtingen, gestorben 1991 in München. *Auf der Insel Mainau/Inselmorgen* aus: Unter einem Baum, München 1949 (Piper Verlag)

Walahfrid Strabo, geboren um 808 in Schwaben, gestorben 849 in Frankreich. *Insellied* aus: F. W. Wentzlaff-Eggebert (Hrg.), Die Dichtung des Bodenseegebietes, Lindau 1949 (Jan Thorbecke Verlag)

Martin Stockburger, geboren 1960 in St. Georgen. Lebt in Konstanz. *Linie 1* ist bisher unveröffentlicht

Aeneas Sylvius, geboren 1405 in Corsignano bei Siena, gestorben 1464 in Ancona. *Grabschrift für Manuel Chrysoloras* aus Wilhelm von Scholz, Ein Jahrtausend deutscher Dichtung vom Bodensee. Konstanz o.J. (Reuß & Itta). Übersetzt von Wilhelm von Scholz

Monika Taubitz, geboren 1937 in Breslau. Lebt in Meersburg. *Blick nach Konstanz* aus: Im Anschlag der Wellen, Würzburg 2000 (Bergstadt Verlag)

Donald Michael Thomas, geboren 1935 in Cornwall/England. Lebt in Oxford. *Wien. Zürich. Konstanz* aus: Harald Hartung (Hrg.), Luftfracht, Frankfurt a.M. 1991 (Eichborn Verlag). Übersetzt von Harald Hartung

Heinrich Vieroth, geboren 1855 in Karlsruhe, gestorben 1945 in Hornberg/Schwarzwald. *Konstanz* aus: Hermann Beutten (Hrg.), Bodensee-Dichterspiegel, Konstanz 1949 (Verlagsanstalt Merck & Co.)

Thomas Wolf, geboren 1964 in Bad Homburg. Lebt in Berlin. *Konstanzer Morgen* aus: Flugasche Nr. 43, Sonderheft Junge Lyrik, Stuttgart 1992

Oswald von Wolkenstein, geboren 1377 in Tirol, gestorben 1445 in Burg Hauenstein. *Loblied auf Konstanz* aus: F. W. Wentzlaff-Eggebert (Hrg.), Die Dichtung des Bodenseegebietes, Lindau 1949 (Jan Thorbecke Verlag). Übersetzt von Hildegard Reifschneider

Volker Zorr, nicht ermittelt. *Konstanz, Konzil* aus: Charons Fracht, Berlin 1999

Martin Zürn, geboren 1961 in Heidenheim an der Brenz. Lebt in Meersburg. *der reichen au / ein liebes gedicht* aus: Wandler Nr. 6, Konstanz 1990

Stefan Zweig, geboren 1881 in Wien, gestorben 1941 in Petropolis bei Rio de Janeiro. *Stadt am See* (Konstanz). Aus: ders., Silberne Saiten. © S. Fischer Verlag GmbH, Frankfurt am Main 1982

Danksagung

Verlag und Herausgeber danken den Rechtsinhabern für die Abdruckerlaubnis der Gedichte. Nicht in allen Fällen ließen sich diese ermitteln. Berechtigte Ansprüche werden vom Verlag nachträglich abgegolten. Dank sagen wir auch an Manfred Bosch, Lörrach, Werner Dürrson, Neufra und Christel Hierholzer, Allensbach, für Hilfe beim Aufspüren einiger Fundstellen.

Verzeichnis der Illustrationen

10 Reichenaustraße

17 Lago

20 Fachhochschule

23 Sea Life mit Säntis

35 Loretto 1750

37 Paradies – Schänzle

48 August

50 November

63 Jungerhalde, Universität

67 Häuser

74 Imperia